Anonymous

Die akademische Carrière der Gegenwart

Anonymous

Die akademische Carrière der Gegenwart

ISBN/EAN: 9783744633420

Hergestellt in Europa, USA, Kanada, Australien, Japan

Cover: Foto ©ninafisch / pixelio.de

Weitere Bücher finden Sie auf **www.hansebooks.com**

Die

akademische Carrière

der

Gegenwart.

Leipzig-Berlin.

Verlag von Wilhelm Friedrich.

Königl. Hofbuchhandlung

1885.

Inhalt.

I.

Der akademische Streber.

Der Professor an der Universität ist von jeher in Wort und Bild gefeiert worden. Er schwebte über der gewöhnlichen Menschheit, wie der Adler über der kleinen Vogelwelt. Die Höhe, in der er sich bewegte, schien den geringeren Sterblichen unerreichbar und schwindelhaft. In den Tiefen seiner Wissenschaft begraben, die der Menge unverständlich blieb, lebte er nur dieser und seinem Beruf und liess die übrige Welt vorüberrauschen. Gutmüthig und wohlwollend gegen die Mitwelt, edelgesinnt gegen Jedermann, etwas formlos und unpraktisch — das waren die Eigenschaften, die man voraussetzte, die man in jenen alten Originalen wiederfand, die heute ausgestorben sind, und die bei jüngeren Gelehrten zu jener Idealisirung führten, wie sie in unsern deutschen Romanen und Novellen von hervorragenden Dichtern wiedergegeben ist. Dem alten Professor neigte sich die ganze Bevölkerung zu, dem jüngeren flogen alle Mädchenherzen entgegen. Das schnellere Pulsiren des heutigen Lebens, die grösseren Wogen der letzten Jahrzehnte,

1

das Popularisiren fast aller Wissenschaften, die leichteren und schnelleren Communicationsmittel haben auch an diesen Zügen vieles verändert. Der Professorenstand ist aus seiner Abgeschlossenheit herausgetreten und ist in der Neuzeit theils durch den Verkehr mit der übrigen Menschheit, theils durch seine Theilnahme an den öffentlichen und politischen Dingen mehr abgeschliffen, und — um so zu sagen — uniformer geworden. Damit ist aber auch manches aussergewöhnliche zu Grunde gegangen, und das allgemeine Niveau mehr auf die Gewöhnlichkeit herabgedrückt worden. Dennoch unterscheidet sich der Professor noch von allen anderen Berufsklassen dadurch, dass er die grösste Entwickelung der Individualität zeigt. Die grosse Freiheit in seiner Thätigkeit — denn der Universitäts-Professor ist so ziemlich der freieste Mann unserer Beamtenwelt — die selbstständige und selbstgewollte Erziehung seines Geisteslebens, die Eigenart seiner Denkweise, die durch die Beschäftigung mit der Wissenschaft geförderte und gestärkte Gabe der Kritik, welche oft und mit Recht von anderen gefürchtet wird, hat er vor allen anderen voraus. Man wird daher die Persönlichkeit eines Professors selbst nach flüchtiger Bekanntschaft ebenso genau in dem Gedächtniss behalten, wie die eines jungen Militärs gewöhnlich bereits nach einer Stunde verflüchtet ist.

Auch die Charaktereigenschaften der einzelnen

Länder und Provinzen pflegen bei den Professoren am schärfsten hervorzutreten. Der Berliner ist gescheut, gesprächig und oberflächlich, der Ostpreusse ist zäh, aufgeklärt und zuvorkommend, der Holsteiner begabt, eingebildet und intriguant, der Pommer gutmüthig und schwerfällig, der Rheinländer lebhaft und vornehm, der Sachse höflich und wohlwollend, der Thüringer sanft und melancholisch, der Hesse gesellschaftlich und unzuverlässig, der Darmstädter geleckt und unbedeutend, der Pfälzer warmblütig und launisch, der Schwabe gediegen, emfindlich und formlos, der Franke gutgelaunt und verschmitzt, der Badenser aufgeregt und unklar, der Baier nüchtern und eigenwillig, der Oesterreicher gesellig, anbiedernd und wetterwendisch, der Schweizer egoistisch und arbeitsam.

Leider bleiben auch durch die stete Berührung mit der übrigen Menschheit die Unvollkommenheiten im Stand der Professoren nicht verborgen, denen vermuthlich alle Sterblichen mehr oder minder unterworfen sind, obwohl man jene so gern zu höher gearteten Wesen rechnen möchte. Diese Kehrseite der heutigen akademischen Welt und ihren Einfluss auf das akademische Leben etwas genauer ins Auge zu fassen, ist der Zweck der folgenden Zeilen.

Statt die hauptsächlichen Fehler aufzuzählen, die heute im Professorenstand angetroffen werden, und unter denen wohl Feigheit, Charakterlosigkeit und

1*

Eitelkeit den ersten Platz behaupten, wollen wir
nur eine specifisch akademische Species uns vorher
näher ansehen, die akademischen Streber, die
früher wohl unbekannt gewesen sind, heute aber an
jeder Hochschule auf Schritt und Tritt in die Augen
fallen. Manche behaupten, dass diese Erscheinung
erst aufgekommen sei, seitdem die Juden an einzelnen Universitäten in Aufnahme gekommen sind.
Gewiss mit Unrecht. Dort, wo am wenigsten Juden
sind, tritt das Strebertum am deutlichsten und
widerwärtigsten zu Tage.

Gewiss machen den widerlichsten Eindruck unter
allen Docenten diese heute an jeder Hochschule
grassirenden akademischen Streber, von denen das
Streberthum auch in andere Berufsklassen über-
gegangen ist. Es ist naturgemäss, dass diese
Species vorzugsweise unter den jüngeren Lehrern
gefunden wird, die zunächst beabsichtigen, ihre
Carrière günstig zu gestalten. In unseren Cultur-
staaten avancirt eben der Offizier von selbst, wie
der Jurist und der Lehrer. Nur der akademische
Docent kommt nicht von selbst weiter, sondern er
bedarf dazu seiner Nebenmenschen, um deren Gunst
er buhlen muss. Ein akademischer Streber weiss
nach vierundzwanzig Stunden, wen er hofiren muss,
wer einflussreich ist und wer nicht, und während er
dem letzteren mit wohlwollendem und überlegtem
Lächeln sich naht, bewirbt er sich eifrig um die

Gunst des Mächtigen, oftmals in der ekelhaftesten
Weise. Er holt den Einflussreichen zum Spazieren-
gehen ab, stellt ihm im Concert oder sonst wo andere
Stühle hin, springt auf, wann derselbe in ein Lokal
tritt und grüsst ihn in der devotesten und verbind-
lichsten Weise. Gelegentlich schreibt er eine begei-
sterte Recension über ein Werk seines Ordinarius. Besonders gegen die Frau und Familie ist er überaus zart.
wenn auch die Vertheilung von Süssigkeiten an die
Kinder zu den Seltenheiten gehören mag, indessen
thatsächlich vorgekommen ist. Man muss mit Recht
Befürchtungen für die Zukunft hegen, dass solche
Charaktere an das Ruder kommen und ihren Schülern
durch Wissen und Wahrheit imponiren sollen.

Eine zweite Gattung von Strebern, die man am
häufigsten unter den Juristen findet, verdient grössere
Aufmerksamkeit. Diese haben oftmals keine eigene
politische Ansicht, bisweilen auch keinen hervorragenden Verstand, gehen mit der herrschenden Regierung oder mit einer Partei durch dick und dünn,
geben sich ein besonderes Air, halten ihr Fach für
die Königin der Wissenschaften und glauben über
alles mitreden zu können. Sie sind gewöhnlich
mittelmässige Gelehrte, arbeiten zu Hause wenig und
haben deshalb das Bedürfniss, in der Aussenwelt zu
glänzen. Je unsicherer ihr Berufsboden unter ihren
Füssen ist, desto mehr drücken sie Jedermann die
Hand und liebäugeln mit Freund und Feind.

Eine dritte Gattung ist harmloserer Natur. Sie buhlt um die Gunst der reicheren Docenten, und meistens der jüngeren, die noch ihre Carrière zu machen haben, entweder in der einfachen Absicht, um von ihnen hierfür Einladungen zu erhalten, oder weil sie sonst etwas wollen. Das Verfahren, das hierbei beobachtet wird, ist folgendes. Man schiebt den Gegenstand dieser Aufmerksamkeit in den Vordergrund, lässt ihn Vorträge halten, die man bewundert, weist ihm Vorlesungen an, die man rühmt, spricht in allen Gesellschaften von ihm und seinen Talenten, kurz — sucht ihm den Boden für die sogenannte akademische Carrière zu glätten — für die Gegenleistung von zahlreichen Diners und Soupers. Diese Anbetung des goldenen Kalbes ist an den deutschen Hochschulen heute eine gewöhnliche Erscheinung.

Eine vierte Gattung, die litterarische, ist sehr ekelhaft. Diese schreibt, wie man es wünscht, um Avancements oder Orden zu erlangen, ohne Wahrheitsliebe und verfälscht die Thatsachen. Sie besteht aus lügenhaften Naturen, die in allen andern Berufsklassen der Verachtung anheimfallen würden.

Doch versuchen wir jetzt die Laufbahn des akademischen Docenten zu verfolgen.

II.

Die Nöthe des Docenten.

Die Aufnahme, die der junge Docent bei den
einzelnen Fakultäten Deutschlands findet, ist sehr
verschieden. An einer grossen Universität betrachtet
man im allgemeinen die Habilitation eines Docenten
als einen wünschenswerthen Zuwachs des Lehrkörpers,
sodass man nicht besonders geneigt ist, demselben
Schwierigkeiten in den Weg zu legen. Wenn daher
die Habilitationsschrift als gut oder befriedigend an-
genommen ist, so ist das weitere Verfahren, dem sich
der Docent unterziehen muss, wesentlicher formeller
Natur, wobei die Probevorlesung vor der Fakultät
als das wichtigste erscheint.

Bringt der Docent schwerwiegende Empfehlungen
mit, so ist eine Fakultät leicht geneigt, ihm gleich
zu Anfang oder sehr bald eine wichtige Vorlesung
abzutreten, bei welcher er auf ein sicheres Contingent
von Zuhörern rechnen kann.

Ganz anders ist die Aufnahme an kleineren

Universitäten oder in kleineren Ländern, besonders in solchen, die lange Zeit hindurch gegen die Aussenwelt in particulärer Selbstgenügsamkeit abgeschlossen waren. Hier ist seit Jahrhunderten der Docent angesehen und demgemäss behandelt worden als ein Eindringling, der dem betreffenden Ordinarius die Zuhörer und das Geld wegstiehlt. Wenn er daher ohne sehr wirksame Empfehlungen kommt oder von vorneherein in der Fakultät selbst nicht eine einflussreiche Unterstützung findet, so kann er sicher sein, dass er im wesentlichen schlecht behandelt wird und auf wenig zu rechnen hat.

Findet er nicht gerade eine böswillige Stimmung vor, so muss er zufrieden sein, wenn man ihm mit absolutem Indifferentismus in der Fakultät gegenübersteht.

Es versteht sich von selbst, dass auf solchen Hochschulen schon der ganze Prozess der Habilitation von den glücklichen Stellenbesitzern mit ungeheuren Weitläuftigkeiten und Schwierigkeiten verbunden war, damit diese im Voraus als Abschreckungsmittel dienen sollten. Nach der Annahme der Arbeit erfolgte ein Colloquium, dann die Aufstellung von gedruckten Thesen, welche wieder die Billigung der Fakultät erhalten mussten, und endlich eine öffentliche, oft stundenlang dauernde, bisweilen durch eine Mittagspause unterbrochene, Disputation über diese Thesen, womit nicht selten auch die Besprechung oder Bekämpfung einzelner Sätze der Habilitationsschrift verbunden wurde. Darauf erfolgte erst allmälig die Genehmigung der Regierung, beziehungsweise des Königs, so dass der ganze Prozess noch nach der Annahme und Begutachtung der Arbeit viele Monate sich hinziehen konnte. Uns ist nicht bekannt, ob heute noch an einer deutschen Hochschule diese Disputation in Brauch ist; jedenfalls existirte sie noch vor wenigen Jahren in Süddeutschland, und blühte besonders in Tübingen am Neckarstrom. Mit ihrem Fortfall ist wieder ein Rest mittelalterlicher Rohheit und Barbarei zu Grabe getragen worden — infolge der weniger barbarischen Auffassung Norddeutschlands. Eine solche Disputation zwischen zwei ungleichen Gegnern, einem Besitzenden und einem Erstrebenden, entsprach, was die Unterhaltung anbetrifft, etwa den spanischen Stiergefechten. Wochenlang vorher freute sich die gebildete Bevölkerung des Städtchens auf dieses Schauspiel, und diese Freude erreichte den höchsten Grad, wenn einer der disputirenden Ordinarien als Grobian bekannt war — und an solchen hat es unter den Professoren niemals gefehlt — oder wenn der Docent ein „Ausländer“ war, wie lange Jahre hindurch die Norddeutschen in Süddeutschland genannt wurden und heute von den meisten noch als solche betrachtet werden. Selbst das zartere Geschlecht, das in kleineren Universitäten so wenig Unterhaltungen kennt, pflegte sich bei solchen Festlichkeiten einzufinden, um sich zu weiden an dem Anblick des gemarterten Schlachtopfers.

Vom wissenschaftlichen Standpunkt aus hatte diese Disputation natürlich nicht die geringste Bedeutung. Die Ordinarien verfolgten auch nur selten die Tendenz, eine der discutablen Fragen wissenschaftlich und gründlich in sachlichen Auseinandersetzungen zu klären. Die eigentliche Absicht in den meisten Fällen war, dem jüngeren Gegner, der sich in das geheiligte Gebiet des Ordinarius hineinbegeben wollte, öffentlich zu blamiren, ihm ein Bein zu stellen, — z. B. mit nichtssagenden philosophischen Definitionen, die im Augenblick zur Beantwortung verlangt wurden — ihn dem Gelächter preiszugeben, indem man die anwesende Menge durch fade Witze auf seine Seite zu ziehen suchte. Oefters hatte der Ordinarius überhaupt von der wissenschaftlichen Tragweite einer These gar keine Vorstellung, und versuchte ein mühsam erarbeitetes Resultat des Docenten durch irgend ein oberflächliches Citat aus einem Handbuch zu widerlegen. Es soll sogar vorgekommen sein, dass der Ordinarius schon im Anfang der Disputation seine dem Docenten gegenüber feindliche Stellung damit motivirte, dass er viele Kinder habe, die er ernähren müsse, und dass ihm daher das Auftreten eines Docenten in seinem Fach sehr unangenehm sei. Aus diesem Grunde hat man auch

Docenten noch nach der Disputation durchfallen lassen, sogar solche, die unmittelbar darauf anderswo eine glänzende Carrière gemacht haben.

Ueberhaupt dürfte ausgemacht sein, dass weitaus der grösste Theil aller Scheusslichkeiten und Gemeinheiten, die von deutschen Ordinarien gegen jüngere akademische Lehrer begangen werden, auf den Hunger zurückgeführt werden muss. Der eine Ordinarius hat eine Frau, die Schulden macht, der andere eine Tochter, die vielen Ballstaat braucht, den der Papa stets mit schwerem Herzen bezahlen muss, der dritte fühlt, dass er nicht lange leben wird und legt Capitalien an, der vierte hat eine zahlreiche Familie, der fünfte übt als Lehrer an und für sich zu wenig Anziehungskraft aus, und ist jedem abhold, der ihm seine Kreise stört u. s. w. Alle verfolgen den einen Plan, den zu unterdrücken oder möglichst klein und unschädlich zu machen, der ihnen ihre Einnahmen schmälert. Wo es gilt, einen Docenten unschädlich zu machen, da verbrüdern sich Ordinarien, die Jahre lang sich nicht gegrüsst und gegenseitig die schlimmsten Nachreden verübt haben. Angenehme Brüder! Aus diesem Grunde erklärt sich auch vorzugsweise jene viel verschrieene ,vis inertiae' einer Fakultät, die für einen jüngeren Lehrer keinen Federstrich führt, und für jede kleine Geldbewilligung angebettelt, angeschmeichelt und schriftlich gebeten sein will, damit der Docent niemals die Nothwendigkeit seiner Ab-

hängigkeit, seiner Unterwürfigkeit und Folgsamkeit
aus dem Gedächniss verliert.

Auf die beschriebene Weise wurde schon durch
die Habilitation dem Docenten ein Knüppel zwischen
die Beine geworfen. Wehrlos stand er da, man be-
handelte ihn grob, war zu ihm unverschämt, machte
ihn vor den versammelten Studenten schlecht, dass das
Blut in den Adern des gemisshandelten jungen Mannes
kochte. Und doch musste er an sich halten und
seine Ruhe bewahren, weil ein einziges übereiltes
oder grobes Wort, ein aufsteigender Zorn des Ordinarius der ganzen Disputation und damit der Habilitation ein Ende bereiten konnte.

Nachher kommen die anderen Liebenswürdig-
keiten, die gegen den wehrlosen Docenten ins Werk
gesetzt werden, den man nicht haben will, oder der
den Zorn eines Fakultätsnabobs auf sich gezogen hat.
Obwohl die venia gewöhnlich eine sehr umfassende
ist, findet der Docent fast bei jeder Vorlesung, die
er halten will, Schwierigkeiten bei diesem oder jenem
Ordinarius, denen er Rechnung tragen muss, wenn er
vorsichtig ist. Der eine hat dies vor Jahren gelesen,
der andere hat gerade dies Gebiet in seinen Lehr-
auftrag, der dritte beabsichtigt gerade diese Vorlesung
im nächsten Semester zu lesen u. s. w. Es häufen
sich die Widerwärtigkeiten mit den Hörsälen und
mit den Stunden. Manche Vorlesungen kommen aus
derartigen Verlegenheiten gar nicht zu Stande; bei

anderen muss die dritte oder vierte Stunde der
Woche gestrichen werden, weil alles besetzt ist. Ist
der Ordinarius von chronischem Geldhunger befallen,
so versucht er noch andere Manipulationen. Er erklärt den eingeladenen Studenten die Vorlesung des
Docenten als überflüssig, zuckt die Achseln, macht
sogar Bemerkungen in der Vorlesung. Die zahlreichen Studentengesellschaften in den Häusern der
Professoren unterstützen solche Bemühungen. Denn
wer kann ihnen wehren, wer hilft dem Docenten?
Wo giebt es eine Behörde, die Taktlosigkeiten, Ungerechtigkeiten, Böswilligkeiten und Rohheiten der
Professoren bestraft? Wer stellt sich nicht auf
die Seite des Besitzenden? Wenn eine ganze Fakultät eine Lüge über einen Docenten ausspricht,
wie dies thatsächlich vorgekommen ist, so hat der
Docent keine Mittel, ihr entgegenzutreten, da eine
Immediateingabe beim Ministerium — wenn er nicht
ein Verwandter ist — durch den ewigen circulus
vitiosus an die Fakultät zurückgelangen würde.

Hierzu gehören nun besonders auch die Fälle, in
denen ein Ordinarius über einen Docenten den er
schädigen will, in Fakultät und Senat die abfällig-
sten und geringschätzigsten Urtheile gefällt
hat, die der Wahrheit durchaus widersprechen, wie
sich dann später meistens zeigt, sobald der Docent
seine Thätigkeit einer anderen Hochschule widmet.
In Tübingen hat ein junger Gelehrter acht Jahre

hindurch nicht die geringste Anerkennung gefunden, der heute zu den angesehensten Professoren Deutschlands zählt und gleich als Lehrer ersten Ranges galt, sobald er Tübingen verlassen hatte. Ebenso ist an derselben Universität viele Jahre hindurch ein Gelehrter aus persönlichen Gründen auf das heftigste und mit Mitteln jeglicher und nicht qualificirbarer Art verfolgt worden, der heute eines der renommirtesten Mitglieder der ganzen Fakultät ist. Gerade in Tübingen scheint zu jeder Zeit von den Zeiten des Nicodemus Frischlin an es üblich gewesen zu sein, dass die jüngeren Lehrer unterdrückt und gemisshandelt, ja, dass vollständige Razzias gegen den einzelnen unternommen werden. Ob dies eine Folge des schwäbischen Charakters ist, dem man Empfindlichkeit, Misstrauen und Jähzorn nachsagt, oder ob in der Neuzeit mehr das eigenthümliche — nicht näher zu charakterisirende — norddeutsche Element dort so ungünstig gewirkt hat, oder ob die Kleinheit des Ortes, an dem eine so grosse Universität sich befindet, einerseits ein derartiges Vergnügen oder einen Sport für die anderen Lehrer hervorbringt — da andere Genüsse fehlen — andererseits zu schnell unzufriedene Aeusserungen, zu denen sich ein einzelner, besonders lebhaft angelegter Mensch gegen diese himmelschreienden Verhältnisse hinreissen lässt, bei allen unbedeutenden Seelen Rachegefühle erregen, — vermögen wir nicht zu entscheiden.

Doch giebt es an kleineren Universitäten, wo nicht selten ein sehr fadenscheiniges wissenschaftliches Gewissen herrscht, ein untrügliches Mittel, um Widerstand niederzuschlagen und Freunde zu gewinnen. An manchen Hochschulen wird dem ankommenden Docenten von massgebenden Persönlichkeiten von vorne herein gesagt, dass es, um an der eigenen Hochschule weiter zu kommen, nicht auf wissenschaftliche Thätigkeit ankomme, sondern ausschliesslich auf die sociale Stellung. Dies ist in den akademischen Verhältnissen ein Gesichtspunkt, der vor Decennien noch ganz unbekannt, von Jahr zu Jahr aber eine bedeutendere und gefährlichere Rolle spielt. In derselben Weise nehmen auch die sogenannten Faiseure an den Hochschulen überhand, welche gewöhnlich zu den wissenschaftlichen Impotenzen gehören, aber in allen Personalfragen stets die regste Thätigkeit und Intriguenlust entfalten. Versuchen wir nun, das Wesen dieser socialen Stellung genauer zu definiren.

Ist der Docent unverheirathet, so ist zunächst ein beträchtliches Vermögen die allerbeste Empfehlung zu der socialen Stellung. Wenn man sieht, dass derselbe mit den Einnahmen der Ordinarien concurriren kann oder diese wo möglich übertrifft, wenn man glaubt, dass er keine pekuniären Anforderungen stellen und keine Unbequemlichkeiten verursachen wird, so ist dies eine bedeutende Empfehlung.

Ein solcher Docent kann dumm oder faul sein, etwas
wird er immer erreichen.

Ist er nicht vermöglich, so muss er durch andere
Mittel die Aufmerksamkeit der Gesellschaft auf sich
ziehen. Fleissiges Tanzen mit den Töchtern der
Professoren wird unter allen Umständen nützlich sein,
noch weit ergiebiger aber ist es, wenn man mimi-
sches Talent besitzt oder das Arrangiren von Lieb-
habertheatern, lebenden Bildern, Schlittschuhfesten
u. s. w. versteht, besonders seitdem die Wintersaison
an den Universitäten kleinerer Städte nur noch nach
den Marksteinen von grossen Vergnügungen, 'Lieb-
habertheatern, Maskenscherzen, Bällen u. s. w. be-
rechnet und beurtheilt wird.

Noch nützlicher aber ist es, einer einflussreichen
Frau den Hof zu machen und durch sie Stimmung
erzeugen zu lassen, da nicht nur dann durch den
vielgeöffneten Mund der sogenannten — in Süddeutschland besonders florirenden — weiblichen Kränze
Propaganda in den massgebenden Kreisen gemacht
wird, sondern besonders auch der Ehemann — der
gewöhnlich neben der einflussreichen Ehehälfte unter
dem Pantoffel steht — zu einer lebhaften Agitation
für den Docenten gezwungen wird, die geschickt in
Scene gesetzt, nur selten erfolglos sein wird. An
kleineren Hochschulen werden dem Docenten gleich
bei seiner Ankunft die Frauen namhaft gemacht, um
deren Gunst er sich bewerben müsse.

Das untrüglichste Mittel freilich ist es, die Tochter eines einflussreichen Professors zu heirathen, wodurch in den meisten Fällen schon die ganze akademische Carrière als gesichert zu betrachten ist, da der Docent dann entweder an der eigenen Hochschule oder durch gute Freunde des Schwiegervaters anderwärts untergebracht wird. Gewiss giebt es an den deutschen Hochschulen mehrere Dutzend Schwiegersöhne, welche allein durch die Macht des Schwiegervaters Professoren geworden sind, oder jedenfalls weit schneller Carrière gemacht haben, als dies sonst der Fall gewesen wäre.

Doch die beiden kurz berührten Momente der Geldbewilligung und der Frauenwelt erfordern noch eine genauere Besprechung. Preussen steht auch hier an der Spitze der Cultur, indem es auf Anregung eines ausgezeichneten Gelehrten allen tüchtigen Docenten Stipendien für 3 Jahre von je 1500 M. gewährt (vor kurzer Zeit ist diese Summe auf 6000 M. im ganzen erhöht worden). Dadurch wird wenigstens bewirkt, dass auch Begabte, aber Unbemittelte sich der akademischen Laufbahn widmen können. Ganz anders in Süddeutschland, wo die Staaten für die Docenten nichts gethan haben (Tübingen besitzt ein Stipendium von gegen 800 M., welches König Karl beim Jubiläum gestiftet hat.) An den kleineren Hochschulen, wo die akademische Welt sich von der anderen Welt gleichsam durch eine markante Grenz-

linie abhebt, pflegen Studenten und Professoren eine
weit bedeutendere Rolle zu spielen, als in grösseren
Städten, wo mehrere Bevölkerungselemente gleichbe-
rechtigt und gleich angesehen sich neben einander
bewegen. Der Professor pflegt daher an solchen
Orten selbstbewusster und aufgeblasener zu sein, und
Persönlichkeiten, die anderswo nur dem Fluch der
Lächerlichkeit anheimfallen würden, können hier
eine bedeutende Rolle spielen, die ihrer Eitelkeit in
hohem Grade zusagt. In Württemberg wird die
Aufgeblasenheit und Selbstüberschätzung noch gesteigert durch die klösterliche Erziehung und das
Filtrirungssystem, das im Lande herrscht, so dass
man dort Musterexemplare antrifft. Ist an einer
solchen Hochschule ein allgemeiner Senat, so ist die
Ueberzeugung von der persönlichen Bedeutung des
einzelnen noch erheblich gesteigert. Man regiert mit,
man entscheidet mit, bewilligt oder verweigert Geld,
spricht in allen Berufsfragen mit, selbst in solchen,
von denen man gar nichts versteht — kurz man
betrachtet sich als regierende Behörde, etwas, was
mit der Stellung eines Lehrers oder Gelehrten zunächst
gar nichts zu thun haben sollte. Soll ein Docent befördert werden, so versetzt man sich ganz vorsichtig
zuerst diplomatisch in den Sinn des Ministers, und
handelt darnach, gleich als wenn eine Fakultät oder
ein Senat eine Versammlung von Diplomaten wäre,
und nicht vielmehr von Gelehrten, die unter allen

Umständen nur die Pflicht haben, ihre sachliche Ueberzeugung auszusprechen. Auf diese Weise bildet sich dann leicht der Standpunkt heraus, dass der Professor der Finanzminister sei, der für die Finanzen des Staates einzutreten habe. Er spart daher überall im Interesse des Staates, worunter aber nur die jüngeren Lehrer der Hochschule zu leiden haben, während er selbstverständlich für seine Person, oder für seine Verwandten, — wenn er solche haben sollte — von diesem Sparsystem nicht ergriffen ist. Er kommt allmälig zu der Auffassung, dass jeder Kreuzer, der einem anderen gezahlt wird, aus seinem Säckel fliesst. oder dass er speciell geschädigt wird, wenn ein anderer Geld bekommt. Es begreift sich, dass auf diese Weise schliesslich alle objective Beurtheilung und Anerkennung verloren geht, und dass allein eine Interessenwirthschaft Platz greift, wo jeder nur für sich, seinen Anhang und seine Familie gewinnen will und alles andere von sich weist. In Württemberg beispielsweise sind in Folge dieses Neides nicht nur etatsmässige Extraordinariate gestrichen worden, um sie nicht an junge Kräfte vergeben zu müssen, sondern dort wird selbst der Dispositionsfonds, der theilweise für jüngere Gelehrte bestimmt ist, fast ausschliesslich für die Zulagen der Ordinarien verwandt, womit natürlich diese sehr einverstanden sind. Dies schwäbische Verfahren steht allerdings in schroffem Gegensatz zu anderen, von besserem Geist be-

2*

seelten Hochschulen, wo die einzelnen Fakultäten für ihre Lehrer — und auch für die jüngeren — von dem Staat herauszuschlagen suchen, was sie irgendwie können.

Im allgemeinen aber sollte der Grundsatz mehr und mehr zur Anerkennung gelangen, dass Docenten, welche fleissig, regelmässig und mit Erfolg lesen und ebenso arbeiten, demgemäss auch ein nützliches Glied des akademischen Lehrkörpers sind, vom Staat eine materielle Unterstützung, sei es ein Stipendium oder eine Renumeration erhalten sollen, wie dies jetzt in Preussen, ganz besonders aber in Oesterreich der Fall ist. Wenn man erwägt, wie viele Tausende Mark in kleinen Ländern durch sogenannte Rufe (oder Scheinberufungen) verschwendet werden, so scheint diese Forderung eine überaus billige und selbstverständliche zu sein. Umgekehrt aber sollte niemand befördert werden, der — wie dies oft bei Medicinern in den grossen Residenzen der Fall ist — nur seine persönlichen Einnahmen dadurch zu erhöhen beabsichtigt. Auch sollten die Titelverleihungen als Quittung für dreijährige Docentenzeit gänzlich fortfallen.

Zu einer wirklichen Calamität ist in den letzten Jahren die Bedeutung der Frau auf einzelnen deutschen Hochschulen geworden, und dieser Umstand scheint zu beweisen, dass wir mit der bisherigen Verfassung der Hochschulen am Anfang vom

Ende sind. In Süddeutschland wird behauptet, dass diese Calamität — in ähnlicher Weise wie die Diphtheritis — mit den Norddeutschen eingewandert sei, was wohl möglich ist, wenn man bedenkt, dass das gesellige Leben der Süddeutschen hinsichtlich der beiden Geschlechter früher wesentlich getrennt gewesen ist, indem die Frauen in Kränzen zusammenzukommen pflegten, die Männer im Wirthshaus beim Glas Bier. Doch wollen wir die Frage nach dem Ursprung jener Erscheinung hier nicht entscheiden. In jedem Fall sind mit dem Auftreten der Frauen am akademischen Horizont die Lüge, die Intrigue und der Klatsch in die akademischen Verhältnisse eingedrungen oder wenigstens gesteigert worden. Am meisten zu fürchten sind kinderlose und hysterische Frauen. Während die ersteren aus Mangel an Beschäftigung auch den Personalfragen der Hochschule sich widmen und öfters eine Beförderung durchsetzen, indem sie von Haus zu Haus laufen, flehen, agitiren, überreden, einladen, um ihren Zweck zu erreichen (sogar in Berufungssachen sind von Frauen Briefe geschrieben worden), sind die letzteren vermöge ihres krankhaften und aufgeregten Zustandes an ein sehr entgegenkommendes Betragen der jüngeren Männerwelt gewöhnt und verfolgen mit gehässigen Blicken jeden, der entweder keine Lust oder keine Anlage hat, diese Anbetung mitzumachen. Jedes Ereigniss der kleinen akademischen Gesellschaft ist ihnen bekannt, von ihnen kommt es in die weiblichen Kränze und von hier sickert es durch die ganze Stadt. Bei Gelegenheit der nächsten Fakultätssitzung, in welcher über ein Schlachtopfer des weiblichen Klatsches gehandelt wird, werden von einigen einfältigen Ehemännern Andeutungen darüber gemacht, man spricht von socialer Stellung, Persönlichkeit u. s. w., und — der Docent wird durch die gehorsamen Ehemänner schwer geschädigt. Natürlich finden diese Erörterungen nicht im Schoosse der Fakultät statt — denn das könnte mit den Gesetzen in Conflicto bringen — sondern diese Moralisten oder Heuchler agitiren hinter dem Rücken und lassen in der Sitzung verlogene Motive vortragen.

Das Weib ist aber auch die Begründerin der Clique, die gegenwärtig fast an jeder Hochschule ist, in welcher die massgebende Kritik geübt und alle Berufungsfragen vorher verhandelt werden. Die Männer, die dazu gehören, sind naturgemäss unfähige Gelehrte, denn ein Mann, der seine Frau in die akademischen Verhältnisse hereinsprechen lässt, und sich ihr darin unterordnet, ist an und für sich ein Affe. Der Boden, auf welchem eine Clique wirkt, ist die Abendgesellschaft: ein halbes Dutzend Familien kommt wöchentlich mehrere Male zusammen, und da in einer kleinen Stadt kein Unterhaltungsstoff vorhanden ist, zu einer solchen Clique auch gewöhnlich sehr unbedeutende Leute gehören, welche weder wissenschaftliche, noch andere geistige Interessen haben, so bilden die Mitmenschen den Unterhaltungs-stoff, die nach der Distanz, in welcher sie zur Clique stehen, milder oder grausamer behandelt werden. In welcher schamlosen Weise hier Urtheile gefällt werden, ist unerhört: einer aus der Clique kann sich in einem öffentlichen Vortrag blamiren, man wird das Urtheil in der Stadt verbreiten, dass der Vor-trag ausgezeichnet war, ein anderer kann einen vor-trefflichen Vortrag halten, man wird die Achseln zucken und sagen, dass die Fachgenossen sich sehr ungünstig ausgesprochen hätten. In Tübingen gab es einen Professor, der die wissenschaftliche Bedeu-tung eines Docenten nur nach dem Gradmesser der Gunst seines launenhaften Weibes berechnete. War die Zuneigung in einem Semester gross, so wurde der Docent zu den bedeutendsten Gelehrten Europas gerechnet, erhielt die Gunst im nächsten Semester einen Stoss, so war der Docent einseitig, flüchtig, nicht solide genug. Die ganze Clique bildet unter-einander eine Lobesassekuranz-Gesellschaft. Was sie aber zusammenhält, ist die conventionelle Lüge, die Heuchelei und das Vergnügungsbedürfniss des Weibes.

Man wird die Frage aufwerfen dürfen, wie es möglich sei, dass die Frau in der akademischen Welt eine solche Rolle spielen könne. Diese Frage muss dahin beantwortet werden, dass der Art der Frauen entsprechend auch die Männer beschaffen sind, von

denen ein Theil naturgemäss in der Ehe nichts zu
sagen hat, andere die Verpflichtung haben, ihrer Frau
sämmtliche Fakultäts- und Senatsverhandlungen auf
das gewissenhafteste mitzutheilen, wodurch die Frau
in die akademischen Fragen hineingedrängt wird und
ihre Sympathien zum Ausdruck zu bringen versucht. In
einer solchen Clique giebt es Männer, also Professoren,
welche durch eine günstige Conjunctur ihre Stellung
erhalten haben und das ganze Jahr hindurch nichts
arbeiten, sondern sich nur amüsiren, in Gesellschaften
gehen — und dabei colossale Gehälter beziehen.
Der Katzenjammer grosser Gesellschaften und die
Genüsse der Symposien selbst folgen in einem ange-
nehmen und unaufhörlichen Wechsel. Es ist selbstverständlich, dass bei solchem Leben sowohl die geistige Kraft des Gelehrten erlahmt, als auch die
Fähigkeit zum Unterrichten abnimmt, indem die Vor-
bereitungen zu den Vorlesungen immer ungenügender
werden. Bezeichnend ist es, dass die besten Lehrer
einer Hochschule und die fleissigsten und solidesten
Gelehrten niemals zu einer solchen Clique gehören
und dementsprechend auch von ihr behandelt zu
werden pflegen.

Es giebt aber noch einen anderen Kitt, welcher
für das Zusammenhalten der durch das Weib ver-
langten und von ihr beherrschten Gesellschaft nothwendig ist — das Geld. In der That giebt es
heute an vielen Hochschulen eine Clique von Ver-

mögenden, welche zu einem undurchdringbaren Ring
zusammenstehen, die ein grosses gesellschaftliches
Leben führen und nach Art reich gewordener Protzen
oder wie die Gutsbesitzer, wenn die Weizenpreise
hoch sind, bei jeder Gelegenheit Champagner trinken
können. Wer die akademischen Gesellschaften der
sechziger Jahre mit den heutigen vergleicht, wird
einen ungeheuren Unterschied wahrnehmen. Damals
waren dieselben materiell sehr einfach, und der
geistige Genuss, welcher entweder von der Unterhaltung oder von musikalischen Aufführungen her-
rührte, war weitaus die Hauptsache. Heute sind die
Gesellschaften sehr luxuriös; sie erinnern durchaus
an die Soiréen der Börsenmänner und rivalisiren
auch mit ihnen hinsichtlich der tödtlichen Lange-
weile und absoluten Unterhaltungslosigkeit, da ge-
flissentlich alles ferngehalten wird, was nach einer
geistigen Anregung oder Anstrengung aussieht, die
Aufmerksamkeit der Menschen von der Thätigkeit
des Essens und Trinkens oder vom Stadtklatsch oder
von langweiligen Fakultätsangelegenheiten abziehen
könnte. Damals waren die Gehälter noch weit ge-
ringer, die Einnahmen noch viel spärlicher, und der
Grundsatz noch nicht so allgemein zur Anerkennung
gekommen, dass der angesehene Professor durchaus
auch ein sehr reicher Mann sein müsse.

Aber auch ohne Vermögen stehen heute zahlreiche Professoren — auch abgesehen von den Me-

dicinern und ihren Consultationshonoraren — weit
günstiger, als alle anderen Beamten eines
Staates, ja sie haben zum Theil höhere Einnahmen
als die Minister des Landes. Durch ausgeschlagene
Berufungen, durch mangelhaftes Angebot, durch
momentane Verlegenheiten der Regierung, die von
den Berufenen benutzt wurden, ist die jetzige Stei-
gerung entstanden, von der sehr zweifelhaft ist, ob
sie nicht später einmal einen Rückschlag erfahren
wird, bei dem die einzelnen Stellen einfach, wie
andere Beamtenstellen, normirt werden und die Regierung das Verfahren beobachtet, wenn der erste
auf eine Stelle nicht kommen will, den zweiten zu
berufen, und wenn dieser nicht will, den dritten.
Der Glaube an die Unentbehrlichkeit des Einzelnen,
an den bedeutenden Aufschwung, den eine Fakultät
gerade durch die Berufung des einen betreffenden
machen würde, ist gewöhulich in das Gebiet phan-
tastischer Einbildungen oder absichtlicher Lügen zu
verweisen. Denn ob ein Lehrer fünf Procent besser
oder schlechter unterrichtet, oder ein Buch mehr oder
weniger geschrieben hat, als der andere, ist in den
meisten Fällen für das Gedeihen der Hochschule und
für das Studium des Studenten, die zum allergrössten
Theil Beamte werden, ziemlich gleichgültig.

Das sind die Verhältnisse, mit denen sich der
Docent abzufinden hat, wenn er an derselben Hochschule weiter kommen will. Er lasse jede Hoffnung

draussen, durch ausserordentlichen Fleiss Eindruck
zu machen. Er kann arbeiten, bis er schwarz wird:
es wird nicht die geringste Aufmerksamkeit erregen.
Er kann lesen, bis er grau wird: es wird gleichgültig sein. Deshalb ist ihm nur der Rath zu er-
theilen, dass er mehr andere Künste cultivire. Ist
er verheirathet und reich, so gebe er zahlreiche Gesellschaften, beauftrage seine Frau, recht liebenswürdig zu den Ordinarien sein (manche Frauen
können da schon eine gute Portion daran wenden),
und gewinne sich Freunde auf diese Weise. Ist er
unverheirathet, so tanze er fleissig, besonders auch
mit Frauen, die sonst auf andere Sterbliche keine
Anziehungskraft mehr ausüben können, nachdem sie
das achte Lustrum längst überschritten haben (an
manchen Hochschulen finden deshalb noch Gross-
mütter aufmerksame Tänzer), so laufe er Schlittschuhe,
befestige den Professorenfrauen geschickt die Schlittschuhe, spiele Theater, bete Ordinarien an, oder wenn
er musikalisch ist, spiele er vierhändig oder Duo's
und ertrage die schwerste Verletzung seiner Gehör-
organe: alles dieses wird ihm zuerst in den Augen
der massgebenden Damenwelt zu einem jungen, liebens-
würdigen, sehr genialen Gelehrten machen, man wird
von ihm sprechen und in der Fakultätssitzung werden
die gehorsamen Männer der beglückten Frauen ihren
Einfluss aufbieten und ihm zu einer gefahrlosen Ent-
bindung verhelfen. Er wird in kurzem — gewöhnlich

nach 3—4 Jahren — Professor, und in der Clique
werden rauschende Vergnügungen gefeiert werden,
weil wieder „Einer der Unsrigen" mit unserer Hülfe
voran gekommen ist, bei dem „die sociale Stellung"
d. h. das Geld, den Erfolg gesichert hat.

Wenn der Docent aber alles dieses versäumt
hat, so wird er erst inne werden, aus welchem Grunde
man von der „dornenvollen akademischen Carrière" oder vom „akademischen Parquetboden"
spricht. Schreibt er viel, so beschwert man sich in
der Fakultät, dass er zu viel schreibe (gewöhnlich
ist dann auch eine misslungene Arbeit darunter),
schreibt er wenig, so muss man wissenschaftliche
Strebsamkeit vermissen. Liest er viel, so wird man
achselzuckend bemerken, dass der akademische
Lehrer nicht allein eine pädagogische Thätigkeit ent-
wickeln dürfe, liest er wenig, so wird man noch
nicht genügend von seiner pädagogischen Fähigkeit
überzeugt sein. Hat er viele Zuhörer, so wird man
klagen, dass er nur für die Masse zu lesen scheine,
hat er wenig, so wird man mit Bedauern keine akademischen Erfolge constatiren können. Wenn man
ihn will, so füllt das, was er liest, eine Lücke an
der Hochschule aus, wenn man ihn nicht will, ist es
überflüssig. Wenn man ihn will, so beweisen sechs
Zuhörer, dass er eine ersprießliche Lehrthätigkeit
entwickelt habe, da die Eigenthümlichkeit des von
ihm vertretenen Gebietes keine Massen anziehen

könne, wenn man ihn nicht will, zeigen zwanzig
Zuhörer, dass die Lehrthätigkeit nicht genügend be-
wiesen sci, da die Eigenthümlichkeit seines Faches
eine grössere Anziehungskraft ausüben müsse. Wenn
man ihn will, genügt das Manuscript eines Collegien-
heftes, welches ein Ordinarius auf dem Tische des
Docenten gesehen hat, als litterarische Leistung, deren
voraussichtliche Bedeutuug man im Senat rühmt, und
wenn man ihn nicht will, genügen ganze Bände nicht.
Mit einem Wort, wenn man ihn nicht haben will, so
giebt auch das zuletzt den Ausschlag, dass er eine
krumme Nase hat oder — eine dumme Frau. Dies
ganze Verfahren ist eine ununterbrochene Lüge, ein
colossaler Schwindel, eine Verachtung aller reellen
und sachlichen Grundsätze, ein Hohnsprechen jeder
Cultur und jeder Moral. Und diese Lüge beherrscht
das akademische Leben Deutschlands im 19. Jahr-
hundert.

III.
Berufung und Scheinberufung.

Das akademische Professorenthum erhält heute seinen Hauptreiz, seine Abwechselung, gleichsam seine Etappen, durch die Berufungen, welche an die einzelnen Lehrer ergehen und die in der früheren Zeit in weit geringerer Ausdehnung an der Tagesordnung waren. Gegenwärtig ist auch wieder eine ruhigere Zeit eingetreten, nachdem die Wellen, welche durch die Gründung der Universität Strassburg erregt worden sind, fast alle deutschen Hochschulen Jahre hindurch in Unruhe versetzt haben. Der Ruf, der an den Docenten von auswärts ergeht, hat heute eine solche Bedeutung, dass an manchen Hochschulen überhaupt für jüngere Lehrer nichts geschieht, bevor dieselben nicht einen Ruf aufzuweisen haben. Hat man keinen, so borgt man sich einen, d. h. man setzt einen in Scene, und damit gelangen wir gleich in das Herz der ganzen Berufungsfrage.

Der gewöhnliche Modus bei Berufungen ist der, dass eine Fakultät drei Namen nennt (einzelne schlagen auch mehr vor, oder nennen noch Jemand in vierter oder fünfter Linie), von denen die Regierung einen wählt: ceteris paribus gewöhnlich den ersten. Wenn zwei abgelehnt haben, pflegt die Angelegenheit in den Schoss der Fakultät zurückgegeben und eine neue Liste aufgestellt zu werden. Wohlgemerkt, dies ist der Usus, denn die Regierung darf verfassungsmässig in allen deutschen Ländern Professoren anstellen, ohne eine Fakultät zu fragen, und Fakultäten, welche gegen ein solches Verfahren der Regierung protestiren, sind in der Regel über die staatsrechtliche Frage im Unklaren. An den Hochschulen, die einen allgemeinen Senat haben, wird die Berufung, noch bevor sie an das Ministerium kommt, durch einen Senatsreferenten an den Senat gebracht, der die Liste billigen kann oder nicht, gewöhnlich indessen nur an der Reihenfolge der Vorschläge etwas zu ändern findet. Doch hat der Senat auch schon vollständige Vorschläge der Fakultät zurückgewiesen, was besonders dann der Fall ist, wenn schon in der Fakultät selbst eine starke Minorität gegen die Vorschlagsliste sich ausgesprochen hatte.

Man wird behaupten dürfen, dass dieses Verfahren als ein möglichst objectives und gerechtes ausgewählt worden sei, und dass die deutschen Hochschulen dadurch zu einer ausserordentlichen Blüthe gelangt seien. Dennoch wird man sich der Annahme nicht verschliessen können, das dieser Modus, so

vortrefflich er auch noch vor 30 Jahren gewesen ist,
heute als überlebt angesehen werden darf, da alle
socialen Bedingungen und alle Communicationsmittel
ganz andere geworden sind. Damals war ein Professor nur nach seinen Werken und seiner Lehrthätigkeit bekannt, und diese Factoren entschieden
für die Berufung. Gewiss giebt es heute noch Hochschulen und Fakultäten, und zweifellos zahlreiche
Professoren, welche genau nach jenen früheren Prin-
cipien verfahren, und es hiesse der deutschen Gelehrtenwelt den Todesstoss versetzen, wenn man an
dieser Thatsache zweifeln wollte. Aber im allgemeinen sind die Berufungsverhältnisse wesentlich
andere geworden. Besonders haben angefangen,
Fragen hervorgehoben zu werden, die bei der früheren
Abgeschlossenheit der Gelehrtenwelt gar nicht in Be-
tracht gezogen sind und kaum erörtert werden konnten.
Wir haben jedoch zwei Arten von Berufungen genau
zu unterscheiden, die wirkliche Berufung und die
Scheinberufung, welche nur die Stelle einer liebens-
würdigen Visitenkarte bei dem Berufenen vertritt, deren
er zu geeigneter Zeit eingedenk sein soll.

Bei den wirklichen Berufungen ist in den
letzten Jahren bei der Prüfung der Qualitäten eine
neue Frage hinzugekommen, indem untersucht wird,
ob der verlangte Candidat umgänglich oder liebenswürdig sei. Mit dieser Frage wird verschiedenes
gemeint. Bei einem jungen Manne ist sie gewöhnlich

gleichbedeutend mit der Frage, ob er Geld habe, und sie entspricht somit der in gewissen Gegenden Deutschlands üblichen Auskunft über „das Gemüth". In anderen Fällen heisst es mehr, ob der Berufene geneigt sei, sich der herrschenden Clique anzuschliessen, d. h. ob er möglichst abhängig und unselbständig sei. Aber fast in jedem Falle sind Selbständigkeit des einzelnen, Unabhängigkeit, Objectivität, Charakterfestigkeit, Eigenschaften, welche mit dem Begriff der Unliebenswürdigkeit oder Unausstehlichkeit zusammenfallen, und die etwas trockenen, etwas pedantischen, wohlwollenden grossen Gelehrten vergangener Zeiten würden heute von den wenigsten Fakultäten berufen werden. Damit erklärt sich die Thatsache, dass bei den heute so üblichen, brieflichen Auskünften über eine Persönlichkeit ein einziger Mensch von der einen Seite als überaus liebenswürdig, von der anderen als unausstehlich oder unverträglich geschildert wird, je nach der Stellung, welche der Schreibende zu dem Berufenen eingenommen hat. Corrumpirte Fakultäten berufen lieber eine gefügige wissenschaftliche Null, als eine bedeutende, aber selbständige Kraft. Ebenso ist an mancher Hochschule der Einfluss der herrschenden Clique oder des Ringes so mächtig, dass unabhängige Lehrer mit systematischem Hass verfolgt werden, besonders wenn man instinktiv (und dafür hat die Clique eine gute Nase) herausmerkt, wie der Unabhängige über sie denkt und ur-

theilt. Die Geschichte deutscher Fakultäten hat aus
den letzten Decennien mehrere hervorragende Bei-
spiele solches Verfolgungsfanatismus aufzuweisen.

Aus der Gewohnheit der brieflichen Anfragen
ergiebt sich mit Nothwendigkeit, dass an keinem
anderen Ort der cultivirten Welt, ausser in den Fakultäten, der Lüge und der Verleumdung so Thür
und Hof geöffnet werden. Gewisse Fakultäten in
Deutschland stellen chronisch einen Tummelplatz für
diese niederen Leidenschaften dar. Man lässt Briefe
schreiben in dem Sinne, den man wünscht, man ver-
heimlicht auch Briefe, die man für seinen Zweck
nicht brauchen kann, wie man, um zu schaden, auch
schon Arbeiten oder Recensionen unterschlagen hat,
d. h. zu nennen unterlassen hat, die dem Be-
troffenen von Nutzen gewesen wären. Die grossen
Centralpunkte der schweizerischen Alpenwelt, besonders Engelberg, Interlaken und Pontresina, sehen
in jedem Sommer die halbe Professorenwelt Deutschlands, wo der akademische Klatsch ausgetauscht wird,
und daneben giebt es sogenannte Universitätswanzen,
welche die Personalien aller deutschen Hochschulen
im Kopf haben und für die Verbreitung aller persönlichen Angelegenheiten sorgen. Leider giebt es
keine Behörde, bei welcher man Verleumdungen, die
in den Fakultäten gegen einzelne Fachgenossen ausgesprochen werden, anhängig machen kann.

Die zweite bei den Berufungen vorkommende

Frage betrifft die **Frau**. Man geht heute in manchen Fakultäten weniger von der Voraussetzung aus, ob die Hochschule einen hervorragenden Nutzen haben würde, als vielmehr, ob die Gesellschaft und d. h. die Clique oder der Ring der Vermögenden eine wünschenswerthe Bereicherung erhalten werde. Und dazu ist die Frau nothwendig. Es gilt daher als eine bedeutende Empfehlung, wenn die berufene Frau jung, liebenswürdig, schön oder musikalisch ist. Vollends günstig wirkt es, wenn sie gut Theater spielen kann. In Süddeutschland wird ein Fall namhaft gemacht, wo diese Eigenschaften der Frau auf die Berufung des Mannes von entscheidendem Einfluss gewesen sind.

Aber auch die Frage nach der **wissenschaftlichen Beschaffenheit** des einzelnen Gelehrten ist heute bei der ungeheuren Ueberproduction nicht ohne Schwierigkeit zu beantworten. Grössere Werke werden gar nicht mehr ganz durchgelesen, sondern die immer mehr in Brauch kommende Gewohnheit der ausführlichen Indices ermöglicht ein Nachschlagen der Stellen, deren man gerade bedarf. Kleinere Aufsätze pflegen in zahlreichen Zeitschriften zerstreut zu stehen, und es gehört grosse Entsagung dazu, um die ganze Thätigkeit eines Gelehrten kennen zu lernen und richtig zu beurtheilen. Bei jüngeren Lehrern entscheidet für die Carrière oft eine Arbeit, deren leitender Gedanke dem promovirenden Professor verdankt wird, während der glücklich Berufene später eine ziemliche Impotenz an den Tag legen kann.

Wenig von Bedeutung, aber nicht ohne Einfluss sind die Recensionen der deutschen Anzeigeblätter. Wer vorsichtig ist, lässt sich von guten Freunden recensiren. Wer auf Recensionen nichts giebt, hat leicht das ganze Heer der Recensenten gegen sich, die oftmals ihre eigene wissenschaftliche Blösse dadurch zu verdecken suchen, dass sie fleissige Arbeiten in unhöflichem und absprechendem — in der classischen und neueren Philologie oftmals grobem und brutalem — Ton behandeln. In der bedeutendsten norddeutschen Litteraturzeitung, die in manchen Zweigen einen sehr einseitigen Standpunkt der Schulen herauskehrt, findet man unbedeutende Doctorarbeiten, durch welche die Wissenschaft gar nicht gefördert wird, mit grosser Anerkennung behandelt, während wissenschaftlich bedeutende Werke mit Hohn behandelt werden, weil die massgebenden Leiter des Blattes auf einem entgegengesetzten Standpunkt stehen. Nicht selten wird ein Buch in einer Zeitschrift mit Lobeserhebungen bedacht, das in einer anderen der Vernichtung oder dem Papierkorb empfohlen wird, und in zahlreichen Fragen stehen die beiden vornehmsten deutschen Zeitschriften dieser Art in prinzipiellem Gegensatz.

An einem gefährlichen Abgrund bewegt sich die Frage nach der pädagogischen Tüchtigkeit des Be-

rufenen. In der akademischen Lehrerwelt stehen sich
zwei Lehrmethoden einander gegenüber. Der eine
Lehrer vermag mehr die grosse Menge zu fesseln durch
einen zündenden Vortrag, bisweilen auch durch einge-
streute, sich stets wiederholende Witze (welche Mode
indessen im Abnehmen begriffen ist), während der
andere mehr vorgerücktere Studenten in Uebungen
und Seminaren wissenschaftlich zu fördern und zu
selbständigen Arbeiten anzuhalten versteht. Ein
idealer Lehrer sollte beides leisten können; man
wird aber beide Eigenschaften selten bei einem
Menschen vereint vorfinden. Eine Entartung jener
ersten Methode wird man erblicken dürfen bei einigen
der modernen Historiker, welche die Vorlesung zu
einem akustischen Genuss degradiren, den auch die
Studirenden anderer Fakultäten ihren strengeren Fach-
vorlesungen, bei denen sie wenigstens nachschreiben
müssen, vorzuziehen pflegen. Jene Lehrer erinnern
zu sehr an die Rhetoren der römischen Kaiserzeit,
mit denen sie auch das hohle Pathos und die Geld
einbringenden Wandervorträge gemein haben, als
dass sie nicht als beklagenswerthe Vorboten einer
Richtung betrachtet werden müssen, die den Unter-
gang des wissenschaftlichen Arbeitens und an dessen
Stelle das Aufkommen sinnlicher Ohrenschmäuse be-
deutet. An sehr grossen Universitäten sind solche
Salonhistoriker, die gegenwärtig nur noch Werke mit
Illustrationen verfassen, von Nutzem, an kleinen sind

sie schädlich, da sie instinktiv die Wissenschaftlich-
keit — die ihnen fehlt — verdrängen und ersticken.
Im allgemeinen wird an der Hochschule der gute
Seminarlehrer vorzuziehen sein, da es weniger schädlich ist, einen mittelmässigen Vortrag zu hören, aber
eine gute wissenschaftliche Anregung und Anleitung
zu erhalten, als neben einem eleganten Vortrag eine
schlechte Anleitung zu bekommen, oder gar keine.
Bei dieser Sachlage ist es nicht wunderbar, dass
nirgends die Urtheile so auseinandergehen, wie über
die Lehrfähigkeit der einzelnen Professoren. Daher
nirgends ein so colossaler Missbrauch in der Anerkennung oder Absprechung getrieben wird, wie auf
diesem Gebiet, so dass nicht selten über eine und
dieselbe Persönlichkeit die entgegengesetzten Urtheile gefällt werden. So wird auch durch diese
Beurtheilung der pädagogischen Fähigkeit, je nachdem man einen Docenten will oder nicht, ein
Tummelplatz erzeugt für Intriguen, Lügen, Verleumdungen, wobei es nicht selten vorkommt, dass auch
die Gutachten früherer oder gegenwärtiger Zuhörer
herangezogen werden, die unter keinen Umständen
als kompetente Richter angesehen werden sollten.

Nach dieser Auseinandersetzung wird es be-
greiflich erscheinen, dass die Berufung als solche mit
einem Glücksspiel zu vergleichen ist, bei welchem
einer Glück, ein anderer Unglück haben kann. Man
wird aber ausserdem einsehen, dass eine Berufung

ohne die actuelle Mitwirkung eines einflussreichen
Lehrers, Verwandten oder Freundes gar nicht mehr
möglich ist. Aus diesem Grunde haben sehr mächtige
Männer lange Jahre hindurch fast alle Stellen
Deutschlands besetzt. Besonders gilt dies in der
letzten Zeit von Berlin, welches zwei Fakultäten in
Norddeutschland, theilweise auch in Süddeutschland,
versorgt hat. Wenn weder die liberale Presse noch
die liberalen Abgeordneten in einer preussischen
Kammerverhandlung auf diese Schäden aufmerksam
gemacht haben, so liegt es nur daran, weil die beiden
leitenden Männer, welche den Terrorismus ausgeübt
haben, zur liberalen Partei gehören. Vor einigen
Decennien wurde die Philologie fast in ganz Deutschland von einem einzigen Gelehrten besorgt, der neben
zahlreichen Koryphäen der Wissenschaft in den letzten
Lebensjahren auch , sehr mittelmässige oder wenig
brauchbare Lehrer empfohlen hat. Auch die Inzucht ist
sehr im Zunehmen begriffen, und dass Schwiegerväter
sehr oft ihren Schwiegersöhnen günstige Stellungen
verschafft haben, ist erwähnt worden. Es steht fest,
dass auf diese Weise ganz impotente Menschen befördert und bedeutende Kräfte, welche einen anderen wissenschaftlichen Standpunkt einnahmen, unterdrückt worden sind. Aber auch sonst haben Lehrer
ihre Schüler, deren absolute Unfähigkeit, so lange
sie Docenten waren, Niemandem ein Geheimniss war,
so lange an den einzelnen Hochschulen wie saures

Bier ausgeboten, bis sie endlich untergebracht waren,
und dann die zuvorkommende angeführte Fakultät
mit Schrecken erkannte, was für ein Danaergeschenk
ihr angepriesen worden sei, und schleunig nöthig
hatte, einen zweiten Lehrer daneben anzustellen.
Unter dreissig Berufungen giebt es heute
kaum eine, die aus rein sachlichen Motiven
und ohne persönliche Beziehungen erfolgt,
während bei allen anderen mächtige Freunde,
Gönner oder Verwandte dieselben durchge-
setzt haben.

Weniger ist über die Scheinberufungen zu
sagen. Wenn ein Ordinarius sich bei einem mäch-
tigeren insinuiren will, von dem er in Zukunft einen
Gegendienst beansprucht, — z. B. Berücksichtigung
für die Liste, wenn der mächtigere fortkommt — so
verschafft er ihm den Ruf, von dem er weiss, dass
er abgelehnt werden wird. Aber der Freund thut
so, als wenn er gehen wolle, schildert die Verhältnisse, zu denen er gerufen wird, als ausserordentlich
anziehende, zieht genaue Erkundigungen ein, wartet und
wartet, ehe er eine Entschliessung trifft, oft Wochen lang,
bis der Minister in den sauern Apfel beisst und den
beliebten Lehrer hält, mit Gewährung einer sehr an-
sehnlichen Zulage für den ausgeschlagenen Ruf, dem
der Professor niemals Folge zu leisten gesonnen war.
Die Vermittelung dieser Geschäfte, die man mit den
Differenzgeschäften an der Börse vergleichen kann,

besorgt gewöhnlich ein Dritter, der an einer dritten
Hochschule thätig ist. Diese Geschäfte haben aber
auch ihre Blüthe hinter sich, da die Regierungen besonders angesichts der allgemeinen Finanzkalamität
der einzelnen Länder in der letzten Zeit vorsichtiger
geworden sind. Vorzugsweise in Norddeutschland hat
das Centralisirungs-System diese Differenzgeschäfte
schwer geschädigt. Doch sind zeitweise erhebliche
Summen zu solchen Zulagen bewilligt worden, deren
manche ausgereicht hätten, um einen Extraordinarius
zu besolden.

IV.
Veränderung des Berufungsmodus.

Man wird aus dieser Darstellung die Ueberzeugung gewonnen haben, dass das heutige Berufungssystem, von so vortrefflicher Wirkung es auch ursprünglich gewesen sein mag, als überlebt, verfehlt und überaus gefährlich anzusehen sei, da nichts geringeres, als der Ruin der Wissenschaft und der deutschen Hochschulen dabei auf dem Spiele steht. Auch andere theilen diese Ueberzeugung, nur dass sie immer die Alternative aufstellen zu müssen glauben zwischen einer Berufung durch den Staat allein, oder die Fakultät allein und unter diesen beiden Uebeln das kleinere, den Fakultätsvorschlag, vorziehen.

Indessen ist die Sache noch keineswegs so sicher, dass die Vorschläge durch den Staat schädlicher gewirkt haben würden, wie die der Fakultäten. Wenn man nämlich erwägt, wie gross Preussen durch seinen Beamtenstand geworden ist, den doch der Staat selbst erzeugt und aufgezogen hat, so dürfte es doch fraglich sein, ob dieselbe Wirkung erzielt worden wäre, wenn die einzelnen Collegien der Beamtenwelt das Vorschlagsrecht gehabt hätten, die richterlichen sowohl wie die unterrichtenden. Aber gesetzt den Fall, dass die Berufung durch die Regierung wirklich mangelhaft und in hohem Grade bedenklich sei (in keinem Fall sind wir für eine Omnipotenz der Regierung, wie sie in dem Fall Schwenninger ausgeübt ist, am wenigsten gegenüber einer angesehenen Fakultät, wiewohl diese durch ihre Hetze das seltsamste Schauspiel geboten hat, welches deutsche Gelehrte jemals geboten haben, bedauerlicher Weise von der freisinnigen Presse darin unterstützt), so dürfte ein weiteres Moment ins Auge gefasst werden, ob es nicht noch einen dritten Weg gäbe, der beide Wege wie bisher vereinigt, ohne dabei den Fakultäten die Uebermacht und die Initiative einzuräumen. Ein solcher Weg kann nach unserer Ansicht nur davon ausgehen, die Macht der Regierung zu heben, da bei unseren politisch immer stärker und gesunder werdenden Verhältnissen, denen aber keine entsprechenden socialen zur Seite stehen, es wahrscheinlicher ist, dass in zweifelhaften Fällen die Regierungen das richtige treffen, als dass dies die Fakultäten thun. Sollte aber ein Docent durch einen derartigen Regierungsakt geschädigt werden, so ist es immerhin für das Individuum weit erträglicher, von einer Behörde schlecht behandelt zu werden, als von Collegen, zumal wenn dies engherzige und obscure Leute sind. Denn das ist das empörendste Moment der ganzen Docenten-Carrière, dass strebsame, fähige Jünger der Wissenschaft oftmals bei den elendsten Menschen, weil sie zufällig Ordinarien ihrer Fakultät sind, um Liebe buhlen müssen, wenn sie etwas erreichen wollen, wobei gerade die unbedeutendsten und erbärmlichsten Creaturen am meisten diese Umwerbung bei sich oder ihrer Frau zu beanspruchen pflegen, bevor sie ein Jawort zu geben die Neigung haben.

Manche sehen ein heilsames Correctiv bei Berufungsangelegenheiten darin, dass zwischen der Fakultät und der ausführenden Regierung das Mittelglied eines allgemeinen Senates liege, welcher Einseitigkeiten oder Ungerechtigkeiten steuern könne. Aber auch dies ist ein sehr zweifelhafter Schutz. Denn wem schon zugeben werden kann, dass in einzelnen Fällen durch den Senat ein Fehler der Fakultät verbessert worden ist, so liegt doch die Gefahr zu nahe, dass auch ein Senat nur von einigen wenigen Mächtigen regiert werde, die über einen grossen Anhang gebieten, wodurch eine Berufung nur nach den persönlichen Wünschen und Zwecken der Machthaber geregelt werden wird. Wo die Fakultät nicht ganz geschlossen auftritt, wird dies sogar die gewöhnliche Erscheinung sein. Zu den einflussreichsten Persönlichkeiten gehören aber in den seltensten Fällen diejenigen, welche stets nach sachlichen oder wissen-

schaftlichen Gründen urtheilen. In der Einrichtung
des Senats liegt demgemäss auch keine Gewähr für
objective Behandlung der Berufsangelegenheit. Die
Universitätssenate haben niemals die Vergewaltigungen
verhindert, die einzelne Fakultäten mit jüngeren
Mitgliedern vorgenommen haben, und sind nicht ent-
gegengetreten, wenn eine Fakultät diejenigen für
unfähig erklärte, die einer oder der andere aus persönlichen Gründen nicht haben wollte. Aus diesen
Gründen wird man behaupten dürfen, dass der allgemeine Senat für die meisten Fragen ein lächerlicher
Rest mittelalterlicher, republikanischer Verfassung sei,
welcher nur den Professoren viel Zeit fortnimmt, die
einzelnen daran gewöhnt, über Fragen mitzusprechen,
von denen sie gar nichts verstehen und den Hoch-
muth und Selbstüberschätzung bei den schwächeren
Individuen steigert. Vor allen Dingen aber sollte
der Senat mit Berufungssachen und sonstigen Personalien schon darum nichts zu thun haben, weil immer
wenige Stunden nach einer Senatssitzung bei der
unvermeidlichen Behandlung des Amtsgeheimnisses
die ganze Stadt den Verlauf der Sitzung kennt, und
die noch an demselben Nachmittag tagende Kaffee-
gesellschaft der Damen ihre Vota in einer Art Nach-
senatssitzung zum Besten giebt, — gewiss ein recht
erfreulicher und erbaulicher Act für die Lehrer einer
Hochschule. Was würden unsere Staatsanwälte,
Gymnasiallehrer und Gerichtsräthe sagen, wenn über

ihre Qualität die Frauen eine Gerichtssitzung ab-
hielten?

Wenn nun in den Berufungsfragen die Macht
der Regierung gestärkt wird, so ist die nächste Folge,
dass das Feilschen um die einzelnen Stellen aufhört, durch welches diejenigen, welche einflussreiche
Freunde in der Fakultät haben, auch weit höhere
Gehälter für sich zu erzielen vermochten, wobei nicht
selten Täuschungen und Irrungen vorkamen. Schon
dadurch wird eine in keiner Weise zu rechtfertigende
Kluft erzeugt zwischen den Professoren, die an derselben Hochschule avancirt und denen, die von anderwärts berufen sind. Die sociale Kluft besteht schon
an und für sich an jeder Universität durch die ver-
schiedene Höhe der Honorare, wobei die theologische
und philosophische Fakultät am meisten benachtheiligt sind, während Mediciner und besonders
Chemiker sehr beträchtliche Honorare für Vorlesungen
und Curse beziehen, die nicht selten die Höhe von
10—12000 Mark und mehr erreichen, (wobei die
grössten Universitäten Wien, Berlin, Leipzig noch
gar nicht mitgerechnet werden). Der Staat sollte
aber ein Interesse daran haben, die ordentlichen
Lehrstellen unter einander auszugleichen und damit
die sociale Stellung der Professoren zu nivelliren,
denn es ist kein vernünftiger Grund vorhanden, warum
ein berühmter Chemiker theurer bezahlt werden muss,
als ein berühmter Philosoph, oder warum ein Ordinarius

3600 Mark Gehalt hat, ein anderer 8—9000 Mark.
Gewiss sollen alle Professoren so gestellt sein, wie
es ihre Berufsstellung verlangt, die eine höhere ist,
als die der meisten anderen Beamten, z. B. Gerichts·
directoren, Gymnasialdirectoren, Oberstaatsanwälte
u. a., aber eine Verpflichtung kann für den Staat
nicht bestehen, die zahlreichen Gesellschaften und
die im Jahr drei oder viermal stattfindenden Ver-
gnügungsreisen in das Hochgebirge, nach Italien oder
aus Gründen der Abwechselung in grosse Städte, zu
bezahlen, wenn auch zugestanden werden kann, dass
auch jeder vermögenslose Professor in der Lage sein
sollte, einmal im Jahr eine längere Erholungsreise
zu machen. Und nur wenn Jemand einen ehren-
vollen Ruf ausschlägt, soll er eine entsprechende
Entschädigung erhalten.

Aber wenn der Staat mehr ein Ausgleichungs-
princip befolgt, so wird die erste Wirkung sein, dass
jenes Bieten und Ueberbieten aufhört, durch
welches die Berufungen der Professoren noch vor
wenigen Jahren mehr an das Engagement von
Tänzerinnen und Sängerinnen erinnert haben. Dann
aber werden die einzelnen Ordinariate mehr und
mehr mit festen Gehalten verbunden werden, zu
welchen eben Leute gesucht werden, und wenn A.
grössere Forderungen macht, nimmt die Regierung
B. oder C.

In derselben Weise aber soll auch für die

Extraordinarien gesorgt werden, und der hung-
rige und unwürdige Zustand, wie er zum Theil noch in
Süddeutschland, vorzugsweise in Baiern und Württemberg exisirt (in Baden ist vor wenigen Jahrzehnten
das denkwürdige Beispiel der planmässigen, 31 Jahre
während Unterdrückung und Misshandlung des
Philologen Kayser bekannt, das ein Schüler mit
so eindringlicher Wahrheit geschildert hat), dass
etatsmässige Extraordinariate für den aufstrebenden
Docenten ganz unerreichbar sind, sollte mit Rücksicht
auf das thatsächliche Glücksspiel eines Rufes ganz
abgeschafft werden. Er stammt aus einer Zeit, in
der es noch gar keine Privatdocenten gab, sondern
die Regierung solche Stellen mit Geistlichen, Richtern
oder anderen Beamten besetzte, und ist nicht nobel
für einen cultivirten Staat. Der Staat sollte unter
allen Umständen jedem, den die Fakultät zum Extraordinarius befördert, mindestens 1800 M. geben, denn
so viel erhält ein preussischer Gymnasiallehrer (und
1600 M. nebst freier Wohnung erhalten Assistenten
und Assistenzärzte). Die Etappen, welche man beispielsweise in Württemberg durchmachen muss —
und zwar vorzugsweise der aus Preussen gebürtige
Docent — vor einem besoldeten Extraordinat, — bei
dessen Erreichung der einzelne schon ganz grau geworden ist — entsprechen dem geizigen und neidischen
Charakter, dem der Fremde mit Widerwillen und
Ekel auf Schritt und Tritt in diesem ·Lande des

Weins und der Poesie begegnet. Sie entsprechen aber auch jenem Zustand, den ein geistvoller Schwabe in die Worte gekleidet hat, dass es in Württemberg nur zwei Classen von Menschen gäbe, solche, die examiniren und solche, die examinirt werden, was wir dahin ergänzen wollen, solche, die misshandeln und solche, die gemisshandelt werden. Vielleicht aber hängt diese Erscheinung auch damit zusammen, dass in Württemberg die Denkfähigkeit eines Menschen erst vom 40. Lebensjahr an gerechnet wird (daher der jüngste angestellte Extraordinarius gegen 50 Jahre, der älteste gegen 90 Jahre alt ist).

Ganz ähnlich und vielleicht noch etwas schlechter sind die Docentenverhältnisse in Baiern, besonders in München, worüber in der Presse schon oftmals Klagen laut geworden und bei dem Ressortminister Beschwerden geführt sind. Auch in München giebt es weder Stipendien, noch kommt ein Docent weiter, noch wird er für seine Leistungen honorirt; auch hier sind die etatsmässigen Extraordinariate fast für jeden Docenten unerreichbar, und die tüchtigsten Privatdocenten bleiben zehn Jahre oder noch länger in ihrer Stellung, ohne die geringste Anerkennung und Entschädigung zu finden. Titel und Rang eines Extraordinarius wird grundsätzlich nicht verliehen (eine einzige Ausnahme wurde in den letzten Jahren gemacht, was eine bestimmte Ursache hatte), zum Theil, weil ein Kammerbeschluss existirt, dass kein

4

Extraordinarius ohne Besoldung von 3600 M. er-
nannt werden soll. Da nun bekanntlich fast jeder
Ordinarius, der 8000 M. Gehalt hat, glaubt, dass ein
Extraordinarius, wenn er 3000 M. oder noch mehr
Gehalt bekomme, in seinem Reichtum ersticken
müsse und für seine Gelder gar keine Verwendung
haben könne, so ist die Folge jenes Kammer-
beschlusses, dass die Fakultäten überhaupt keinen
Docenten zum Extraordinarius befördern.

So gewahren wir, dass in Baiern und Württemberg gegenwärtig die Docenten-Verhältnisse am
schlechtesten sind. In beiden Ländern sind es haupt-
sächlich die Eigenschaften der Missgunst, des Neides
und des Geizes in den einzelnen Fakultäten, welche
jedes Aufkommen eines Docenten zu verhindern
suchen. Daneben wirkt allerdings auch die klein-
bürgerliche und beschränkte Intoleranz und die ge-
ringere Würdigung und Anerkennung von wissenschaftlichen Intentionen und Leistungen, wie sie in
dem mehr nach Abrichtung strebenden beiden Kirchen-
staaten Deutschlands, dem katholischen und prote-
stantischen, besonders hervortritt.

Wir wünschen beiden Ländern Unterrichtsminister,
welche in schneidiger Weise dieser Hungerleiderei
ein Ende machen und die akademischen Verhältnisse
zu der Höhe hinaufbringen, wie sie die Cultur der
Jetztzeit verlangt.

Aber noch in andern Beziehungen ist die Ini-

tiative der Regierung bei den akademischen Berufungen in hohem Grade wünschenswerth. Wenn
die Fakultäten leicht geneigt sind, einen blutjungen
Mann — ein sogenanntes Wunderkind — zum ordentlichen Professor zu machen, wann er von seinem
einflussreichen Lehrer auf das wärmste empfohlen
wird, — wie das öfters vorgekommen ist — so soll
die Regierung in diesem Punkt vorsichtiger sein.
Sie wird vielleicht erwägen, dass ein so junger Mann,
der seinem Charakter nach unreif in solche Stellung
kommt, überhaupt unfertig und unerzogen bleibt
und dass er an frühe Triumphe gewöhnt und von
seiner Gottähnlichkeit durchdrungen nur das eine
Ziel kennt, sich zu vergöttern und vergöttern zu
lassen.

Ferner ist unleugbar, das die Vetterle's und
Interessenwirthschaft durch eine kräftige Regierung eingeschränkt wird. Es giebt Hochschulen
kleinerer Länder, an denen seit Jahrhunderten von
den Eingeborenen kein andrer Gesichtspunkt fest-
gehalten wird, als der persönliche. Zunächst sichert
man sich bestimmte Vorlesungen und durch den
Studienzwang eine gewisse Zahl von Zuhörern. Tritt
eine Vacanz ein, so überlegt man, welchen Verwandten oder nähern Freund man unterbringen
kann, oder der einzelne rechnet nach, was er dadurch gewinnt; man hat sich an das Profitiren gewöhnt und betrachtet alles aus diesem Gesichtswinkel.

Es ist sogar vorgekommen, dass eine Professur Jahre hindurch nicht besetzt wird, um einen allgemeinen Verwandten, einen „jungen", hoffnungsvollen Mann hineinwachsen zu lassen, bis man sich endlich von der Unmöglichkeit dieses Bestrebens überzeugte. Der Fremde ist überrascht von diesem absoluten Mangel eines sachlichen Interesses. Wunderbar ist nur, dass auch die von auswärts Berufenen sich sehr leicht acclimatisiren und nicht ungern diese Interessenwirthschaft unterstützen, in der Hoffnung auf eventuelle Gegenleistungen. Neuerdings ist diese Methode selbst bei Verleihung der höchsten akademischen Würde, des Doctorgrades honoris causa, zu Tage getreten!!!

Aus diesem Grunde entscheidet besonders auch für die Wahl der niederen Beamten allein das Machtwort oder die Fürsprache eines Gönners zum grössten Schaden der Hochschule. Allerdings ist es nicht ungewöhnlich, das in solchen Fällen dann auch seitens der Regierung selbst Nepotismus getrieben wird. Indessen, wenn auf der einen Seite der Interessenwirthschaft gesteuert wird, ist wohl anzunehmen, dass auch die andere dann genauer controllirt wird und vorsichtiger sein muss.

Besonders aber wird durch eine kräftigere Regierung auch die Auffassung an Boden gewinnen, dass der Professor zunächst Beamter und Lehrer sei, und sie wird jenen mit dieser Stellung eng ver-

bundenen Idealismus wieder zurückführen, nachdem
derselbe angefangen hatte, einem crassen und ver-
derblichen Materialismus zu weichen. Es ist nicht
zu leugnen, dass vorzugsweise durch die Mediciner,
welche Praxis ausüben, jener Materialismus solche
Verbreitung gefunden hat. Wo schon das Studium
selbst seit längerer Zeit von einem höheren und all-
gemeineren Gesichtspunkt gänzlich abstrahirt und
nur die praktischen Fertigkeiten beibringen will, da
ist es nicht wunderbar, dass auch jede höhere und
idealere Auffassung verloren geht. Man wird daher
beobachten können, dass die Mediciner am meisten
ihre Stellungen benutzen, um Geld zu erwerben. So
sehr man nun auch zugeben mag, dass der berühmte
Professor Pflichten gegen die leidende Menschheit zu
erfüllen habe, so wenig wird man leugnen können, dass
der Staat jenen zunächst als Lehrer angestellt hat,
der gar nicht das Recht haben sollte, bei jeder
Consultation auswärts ohne weiteres eine Vorlesung
ausfallen zu lassen. Ebenso leidet aber durch eine
übertriebene praktische Thätigkeit das gelehrte Arbeiten, das jeder Professor kultiviren sollte. Bei dem
immer grösser werdenden Reichtum und der immer
zunehmenden Manie, sich von Professoren behandeln
zu lassen, lässt sich heute fast jede reiche Frau von
dem einen Professor entbinden, von dem andern die
Migräne behandeln. Der Staat aber sollte nur in
den dringlichsten und wirklich ernsthaften Fällen

eine Dispensirung des Professors von seinen Berufs-
pflichten gestatten. Ebenso wie es heute bei den
medicinischen Professoren Sitte ist, bei Berufungen
weniger nach Gehalt und Zuhörern, sondern nach
Einnahmen der Privatpraxis zu fragen, so bildet sich
auch leicht der Gesichtspunkt heraus, dass die
Privatpraxis überhaupt bei einer anzutretenden Professur das wesentlichste sei, und das Unterrichten
Nebensache. Zu dieser Frage gehört nun auch,
ohne dass wir zu schulmeistern beabsichtigen, eine
grössere Gewissenhaftigkeit in Einhaltung der offi-
ciellen Ferien, die an manchen Hochschulen sehr
viel zu wünschen übrig lässt.

Ferner aber wird durch die Initiative der Regierung verhindert, dass ein Indifferentismus oder
ein Subjectivismus in den Fakultäten aufzukommen
vermag, indem sie das Wohl der Hochschule für
genügend besorgt halten, wenn die Ordinaren gute
Gehälter, Zwangsvorlesungen, die stets eine grosse
Menge Zuhörer ins Colleg nöthigen, und womöglich eine
dauernde Stellung in der Prüfungscommission haben,
welche ihnen immer neue Zuhörer flüssig macht. In
Süddeutschland sind diese Commissionen zum Theil
constant, d. h. gleichsam petreficirt. Ein solcher
Zustand entspricht vollständig einem sichern Credit-
brief auf Zuhörer, während die aussen stehenden
dauernd benachtheiligt werden. In Preussen wechseln
die Commissionen nicht nur jährlich ihre Mitglieder,

sondern es werden, besonders an grösseren Hochschulen, auch Extraordinarien und Docenten zum
Examiniren herangezogen. In Süddeutschland kommt
dies zwar auch vor, aber nur wo echte Eingeborene
in Frage sind. Es sollte aber an jeder Hochschule
die Ansicht Platz greifen, dass ausser dem persönlichen Wohlbefinden der Ordinarien noch andere
Interessen wahrzunehmen seien.

Ausserdem wird dadurch verhindert werden,
dass ein Ordinarius einen möglichst unbedeutenden Fachgenossen beruft, um nicht durch die Con-
currenz geschädigt zu werden und selbst die erste
Rolle spielen zu können, wie dies oft genug vorkommt. Denn bei solchem Verfahren findet er
leichter bei der Fakultät Unterstützung, wo eine
Hand die andere wäscht, als in einer objectiven und
persönlich uninteressirten Commission.

Ferner wird nicht mehr vorkommen können,
dass der Vorschlag eines Sachverständigen durch-
fällt, weil ein mächtigerer Mann in derselben
Fakultät, der aber kein Sachverständiger ist, aus
persönlichen Gründen einen andern wünscht, und die
andern Mitglieder gemäss der Schwäche des mensch-
lichen Charakters ihm zustimmen.

Auch die Scheinberufungen werden dadurch un-
möglich gemacht werden, weil der Staat möglichst
vermeiden wird, dass der Staatssäckel auf's empfind-
lichste geschädigt werde.

Ueberhaupt wird man dem ganzen Skandal aus dem Wege gehn, der heute nicht selten, und in manchen Fakultäten gewöhnlich, mit der Neubesetzung einer Stelle verbunden zu sein pflegt, was besonders dann der Fall ist, wenn zwei feindliche Parteien oder zwei gegnerische Rivalen sich bekämpfen, wobei als gröbster Unfug bezeichnet werden darf, dass bei einer Neuberufung sich jedes Fakultätsmitglied für verpflichtet hält, je nach seiner Stellung zu der betreffenden Persönlichkeit Briefe einzufordern und diese vorzutragen — was in allen andern Berufsklassen zu den grössten Indiskretionen und Taktlosigkeiten gezählt werden würde. Allerdings ist in solchem Fall in Preussen schon oftmals der Modus eingetreten, — und wird immer häufiger beobachtet — dass der Minister eine Fakultät ignorirt hat, die ein oder mehrere Male ihre Uneinigkeit oder Unfähigkeit manifestirt hat. Auch für andere Länder kann der Rath nur nützlich sein, dass die Regierung bei gewissen Fragen eine Fakultät ignorirt, die schon öfter gezeigt hat, dass sie besonders in der Frage über das Avancement nach persönlichen, parteilichen und ungerechten Gründen entschieden hat, oder dass ihre Machthaber überhaupt das Prinzip haben, jüngere Lehrer zu unterdrücken.

Wenn auf diese Weise die materialistische Richtung des Gelehrtenstandes getödtet ist, so wird auch die gelehrte Thätigkeit wieder mehr in

Aufnahme kommen, die an einzelnen Hochschulen sehr viel zu wünschen übrig lässt. Mit den geringeren Einnahmen wird das sociale Leben wieder auf ein vernünftigeres Niveau herabgedrückt werden, und die Lehrer werden wieder häufiger freie Zeit und freien Kopf zu angestrengten Arbeiten bekommen. Der Professor wird lernen, dort seine Befriedigung zu finden, wo er sie der Natur der Sache nach finden sollte — in der Wissenschaft und nicht in der Gesellschaft. Und dadurch wird wieder die Professorenfrau aus der akademischen Sphäre mehr herausgedrängt und in die Kinderstube hineingedrängt werden, was sowohl zum Besten der Hochschulen, als auch zum Heil ihrer Kinder gereichen wird, die nicht selten heute gerade in Professorenfamilien eine sehr vernachlässigte Erziehung erhalten. Sollte die Frau aber durchaus kinderlos sein — nun, so mag sie arme Kinder an Kindesstatt annehmen oder Strümpfe für Waisenknaben stricken oder Hosen für die Congoknaben und für Kamerun nähen oder sich musikalisch ausbilden, was ihr alles viel besser ansteht, als sich in die akademischen Verhältnisse hineinzumischen oder überhaupt in der Oeffentlichkeit eine Rolle spielen zu wollen.

Eine andere Wirkung wird sein, dass damit das akademische Protzenthum von den Lehrkörpern der Universitäten ferngehalten wird, das heute fast an jeder Hochschule mehr oder minder vertreten ist,

das seine Aufgabe nicht darin erkennt, für die Lehrthätigkeit und die Wissenschaft zu leben, sondern
für Essen und Trinken, Gesellschaften und Bälle,
Vergnügungen und Reisen, politisches Agitiren und
Kannegiessern, Vorsehung spielen für die eigne und
fremde Hochschulen, Schreiben von diskreten und
indiskreten Briefen u. s. w., kurz und gut, damit
wird das geistige oder wissenschaftliche Proletariat
aus der Welt geschafft.

In welcher Weise soll nun der eigentliche Prozess
des Avancements und der Berufung vor sich
gehen? Der Ministerialrath oder der Decernent, der
diese Angelegenheiten im Ministerium besorgt, soll
mit einem Referenten der Fakultät, den die Fakultät
aus ihrem Schoosse zu erwählen hat, d. h. dem
eigentlichen und hauptsächlichsten Sachverständigen,
und mit zwei andern Experten, deren einen der
Minister aus einer praktischen Stellung auswählt
(Medicinalräthe, Sanitätsräthe, Regierungsräthe, Forst-
räthe, Finanzräthe, Consistorialräthe, Oberstudien-
räthe, Gymnasialdirektoren), den andern die Fakultät
entweder aus einer verwandten Fakultät (sei es der
selben oder einer andern Hochschule) oder — wenn
sie dies vorzieht — auch aus einer praktischen
Stellung, — zu einer Commission zusammentreten,
welche sich persönlich oder brieflich auf drei Vor-
zuschlagende einigt, die dann der Fakultät zur Begutachtung übergeben werden (etwas ähnliches bieten

schon die österreichischen Commissionen). Die Fakultät darf ohne zwingende Gründe von dieser Auswahl nicht abgehen, ebenso wie sie nur unter der sorgfältigsten sachlichen Motivirung von der Reihenfolge, welche die Commission vorgeschlagen, abweichen darf. Die Regierung bewerkstelligt dann die Ernennung dessen, der ihr der Beste scheint. In der Commission hat sie bei Stimmengleichheit die Entscheidung. Ein Senat soll naturgemäss von den Berufungsangelegenheiten vollständig befreit werden. Bei Avancements an der gleichen Hochschule kann der Minister sein Recht aufgeben und der Fakultät die Entscheidung überlassen. Liegt aber der Verdacht nahe, dass ein Docent von der eignen Fakultät unterdrückt wird, so soll er eine andere Fakultät um ein Gutachten ersuchen oder auch vom Docenten selbst ein Memorandum einfordern, was ihm oftmals einen klareren Einblick in die wirklichen Verhältnisse gewähren wird, als das Gutachten der Fakultät. Besonders soll der Minister in allen Fällen, wo ein bekannter, tüchtiger und namhafter Gelehrter an der eigenen Fakultät nicht vorwärts kommt und aus kleinlichen Gründen nicht aufkommen gelassen wird, sofort von einem andern Collegium ein Gutachten einziehen und darnach ohne Berücksichtigung der Fakultät verfahren.

Nur wenn man die Avancements und die Berufungen vertrauensvoller in die Hände der

Regierungen legt, denen sie nur desshalb nicht
übergeben worden sind, weil man die mittelalterliche
Auffassung die Universität als ein republikanisches
Gemeinwesen betrachtet hat (als deren Rest der
allgemeine Senat aufzufassen ist), welches in sich
abgeschlossen seine Gesetze, seine Verwaltung und
sein Vermögen hatte, eine Auffassung, die mehr und
mehr der modernen und richtigeren weichen muss,
dass die Universitäten Staatsinstitute sind, wie die
Schulen anderer Art, gehoben und geläutert durch
die Freiheit der Wissenschaft, und mehr oder minder
fast überall schon gewichen ist — nur dann wird
man in Zukunft jene Centnerlasten von Elend und
Thränen, Jammer und Unglück, von Ungerechtigkeit
und Gemeinheit, von Engherzigkeit und Geiz, von
Lüge und Verleumdung vermeiden, welche heute von
so verschiedenen Lagern aus zum Gegenstand eines
Angriffs gemacht werden. Ausserdem retten dadurch
allein die Fakultäten ihre Mitwirkung bei Berufungen,
denn es unterliegt keinem Zweifel, dass in Nach-
ahmung des Verfahrens, wie es schon oft in Preussen
üblich gewesen ist, über kurz oder lang auch die Minister
der andern Länder sich um die Fakultäten und ihre
Vorschläge nicht mehr viel kümmern würden. Wenn
die Verfechter der Fakultätsberufungen auf unsern
Vorschlag entgegnen, dass der eigenthümliche Reiz
der akademischen Carrière in ihrem Risiko liege,
dem der einzelne sich freiwillig unterziehe, so soll

von unserer Seite durchaus nicht verlangt werden,
dass jeder Docent von selbst avancire, wie der
Fähndrich und der Referendarius. Gerade deshalb
soll die Habilitation nicht erschwert werden, weil
die Fakultät keine Verantwortung oder Garantie für
die Zukunft und die Carriére übernehmen kann und
soll. Nur darum kann es sich handeln, dass Docenten, welche schrifstellerischen und Lehrerfolg
haben, befördert werden müssen, dass ihre Beförderung nicht durch kleinliche, persönliche Gründe
oder die Gegnerschaft eines obscuren oder neidischen
oder bösartigen Ordinarius hintertrieben werden
kann, dass die Extraordinarien einen Gehalt vom
Staate erhalten, der wenigstens die Person des
Lehrers vor Sorgen sicher stellt, und ihnen nicht die
Freude an ihrer Thätigkeit raubt durch langsames
Untergraben ihrer geistigen Elasticität und Schö-
pfungskraft, und dass endlich die Ordinarien nicht
mehr berufen werden nach überwiegend persönlichen, sondern nach überwiegend sachlichen Gründen. Nur auf diese Weise ist ein Fortschritt der
deutschen Universitäten möglich, die von allen heutigen Instituten am meisten und deutlichsten die
Spuren eines überlebten und unvollkommnen Mittel-
alters bewahrt haben. Denn die Universitätsver-
fassung ragt in unser modernes, festgefügtes, staat-
liches Leben hinein, wie eine alte Säule, die bemost
und mit Spinnweben bedeckt, abgebröckelt, unter-

graben und vermodert, von dem nächsten Sturm auf die Seite geschleudert wird, um nie wieder eine Auferstehung zu feiern. Und mit einem Wort — nur die Macht einer vernünftigen Regierung wird im Stande sein, den akademischen Schwindel auszurotten, der die deutsche Solidität an den deutschen Hochschulen zu untergraben begonnen hat.

———————

Druck von Brückner & Niemann in Leipzig.